Tienes que tener tu pastel *(alto en grasa/ bajo en carbohidratos)* y comértelo también

INTRODUCCIÓN

Puede parecer extraño que comiendo "bombas de grasa", puedas estar más saludable, pero esa es la premisa y ciencia detrás de la dieta cetogénica. Puedes tener tu pastel (alto en grasa/bajo en carbohidratos) ¡y comértelo también! Al seguir una dieta baja en carbohidratos, se tienen numerosos beneficios, incluyendo:

- Pérdida acelerada de grasa
- Colesterol más bajo
- Azúcar en sangre más baja
- Un aumento en la energía y vitalidad
- Un enfoque mental mejorado (las dietas cetogénicas se utilizaron inicialmente para la epilepsia)

En mi caso, la mejor parte de los alimentos altos en grasa es el postre. En particular, la nueva "categoría" de alimentos inventada exclusivamente para la dieta baja en carbohidratos: la Bomba de Grasa.

Para ayudarte a aprovechar al máximo esta dieta, a continuación te presento 25 de los mejores postres disponibles con alto contenido de grasa/ carbohidratos bajos. Te sugiero intentar al menos uno o dos a la semana para ayudarte a mantener la motivación. Considéralos como un regalo por hacerlo bien durante toda la semana. Los postres en porciones son especialmente buenos para esto, ya que las galletas o las trufas se pueden guardar y disfrutar durante toda la semana.

Espero que disfrutes las recetas y que estas te ayuden en tu viaje hacia una vida más saludable.

Elizabeth

Índice

9   Volcán de Chocolate (SG)

10   Pastel Decadente de Crema de Chocolate de Tres Capas (SG)

12   Tartas Individuales de Queso con Fresas (SG)

13   Barras de Tarta de Queso con Brownie (SG)

14   Pudín de Rico Chocolate (SG)

15   Fresas Frescas con Crema de Coco Batida (SG, P)

16   Malteada de Chocolate-Nuez (SG)

17   Helado de Mantequilla de Nuez Pecana (SG)

18   Helado de Mora Azul sin Batir (SG)

19   Pastel de Zanahoria con Glaseado de Queso Crema (SG)

20   Galletas de Coco y Almendra (SG)

21   Galletas de Mantequilla de Maní y Jalea (SG)

22   Trufas de Chocolate Oscuro (SG)

23   Bocados de Chocolate y Coco (SG)

24   Dulce de Azúcar de Chocolate y Nuez (SG)

25   Cuadrados Fáciles de Nuez Pecana y Jarabe de Arce (SG)

26   Brownies de Crema de Coco (SG)

27   Mini Tartas De Chocolate y Aguacate (SG)

28   Macarrones Bañados con Chocolate (SG)

29   Galletas de Mantequilla de Maní (SG)

30   Tarta de Chocolate Oscuro (SG)

31   Vasos de Mantequilla de Maní (SG)

32   Batido de Menta y Chispas de Chocolate (SG, P)

33   Almendras Cubiertas de Chocolate (SG, P)

34   Galletas de Mantequilla de Almendra Sin Harina (SG, P)

35   Bocados de Galleta Snickerdoodle (SG)

Una Nota Sobre Los Edulcorantes

Antes de que comencemos a hablar sobre las diferentes recetas, me gustaría tomarme un momento para hablar sobre los edulcorantes sustitutos que usaremos.

Incluso las personas que no están en una dieta cetogénica conocen los peligros del azúcar blanco. Algunas personas incluso se refieren a él como el "veneno blanco". Si combinamos esto con el aumento de la diabetes y los problemas de aumento de peso, los sustitutos del azúcar han aumentado en popularidad en las últimas décadas.

Actualmente, hay muchos sustitutos del azúcar diferentes, y tienen varios nombres de marca, pero algunos de los sustitutos más comunes del azúcar incluyen la estevia y el eritritol. Sin embargo, también he listado otra alternativa del azúcar natural, el jarabe de arce puro de grado B. Ten en cuenta que si usas jarabe de arce puro, la cantidad de carbohidratos sería más alta que cuando usas algo como la estevia.

A continuación, te presento un poco más de información sobre la estevia y el eritritol, en caso de que decidas utilizarlos.

La estevia, o extracto de estevia como debería llamarse, es el extracto de la planta de estevia que se produce naturalmente. Es un edulcorante con cero calorías, por lo que es perfecto para nuestras necesidades. En el mercado, lo encontramos en forma líquida o en polvo. Ambos están bien. La forma de polvo es la más adecuada para hacer pasteles y hornear, mientras que la líquida es más adecuada para recetas a base de líquidos, como los batidos. También es recomendable que compres una estevia que no contenga ingredientes adicionales innecesarios, ya que algunas marcas rellenan sus productos con otros ingredientes artificiales que deseamos evitar.

El eritritol, por otro lado, es una sustancia natural que se encuentra en algunas frutas y quesos. Al igual que la estevia, también es libre de calorías. Sin embargo, una diferencia entre los dos, es que el eritritol le proporciona una apariencia glaseada a los platos, lo que lo hace perfecto para elaborar glaseados, cubiertas y, sí, ¡helado! Además, el eritritol es un sustituto del azúcar grano por grano, lo que significa que una cucharada de azúcar blanco y una cucharada de eritritol proporcionarán la misma cantidad de dulzura, por lo que es muy fácil usarlo.

Ambos son seguros, estables al calor y de sabor neutro. Es una buena idea tenerlos a ambos en tu despensa. De preferencia, debes tener un poco de estevia líquida y eritritol granulado a la mano. Sin embargo, si tienes que elegir, te sugiero que uses eritritol porque es más versátil y fácil de usar, a pesar de que es un poco más caro.

Espero que esto te haya aclarado las dudas comunes acerca de los edulcorantes sin calorías.

Así que, comencemos.

De la Autora

Este es un libro enfocado en los postres bajos en carbohidratos, por lo que podrías preguntarte qué los distingue de los postres que se disfrutan habitualmente y cómo se hacen de manera diferente.

Para empezar, muchas de las recetas requieren un sustituto del azúcar, por lo que se utilizan endulzantes como la estevia, el eritritol e incluso el jarabe de arce puro de grado B en lugar del azúcar blanco común. Esto ayuda a reducir el contenido de carbohidratos, especialmente si estás utilizando estevia o eritritol. Muchas de las recetas también se centran en el uso de ingredientes enteros y naturales, por lo que deberás utilizar alimentos como mantequillas de nueces, coco y chocolate negro sin azúcar en lugar de las versiones procesadas que encontrarías en los postres comprados en la tienda.

En este libro, encontrarás una variedad de opciones de postres bajos en carbohidratos, desde tartas y galletas hasta helados y dulce de azúcar. ¡Espero que los disfrutes tanto como yo disfruté preparar este libro para ti! La vida es demasiado corta como para no disfrutar de un postre de vez en cuando, y esto será especialmente cierto cuando pruebes estas opciones bajas en carbohidratos.

Por último, si tuvieras la amabilidad de dejar una evaluación honesta, te estaría muy agradecida.

Por favor, visita el siguiente enlace.

http://ketojane.com/evaluar

Una vez más, gracias por descargarlo y buena suerte.

Elizabeth Jane

Etiquetas Dietéticas

Dentro de este libro, notarás que hay etiquetas dietéticas. Estas te indicarán si una receta es libre de gluten o paleo. Ten en cuenta que muchas recetas pueden hacerse sin lácteos eliminando el queso agregado o sustituyendo la leche o la crema por leche de coco. Cada receta también se etiquetará si no contiene gluten. Aunque la mayoría de las recetas son libres de gluten, las variaciones en los ingredientes de ciertos productos significan que no todas las recetas se marcarán como libres de gluten. Si deseas que todas las recetas sean sin gluten, asegúrate de revisar la etiqueta de los ingredientes que compras. También notarás que si una receta no está etiquetada como paleo-amigable, hice algunas sugerencias sobre cómo hacer que la mayoría de las recetas sean paleo-amigables al intercambiar ciertos ingredientes.

SG: Sin gluten

P: Paleo

⏱ 10 minutos 🕐 13 minutos 👥👥

VOLCÁN DE CHOCOLATE (SG)

INGREDIENTES

- » ½ taza de cacao puro en polvo sin azúcar
- » ¼ taza de mantequilla, fundida
- » 4 huevos
- » ¼ taza de salsa de chocolate sin azúcar y sin gluten
- » ½ cucharadita de canela molida
- » ½ cucharadita de sal marina
- » 1 cucharadita de extracto de vainilla pura
- » ¼ taza de estevia pura

INSTRUCCIONES

1. Vierte 1 cucharada de salsa de chocolate en 4 cavidades de una bandeja de cubitos de hielo y congela.
2. Precalienta el horno a 350°F. Prepara 4 moldes individuales, engrasándolos con aceite o mantequilla.
3. Mezcla el cacao en polvo, la estevia, la canela y la sal marina en un tazón pequeño.
4. Mientras bates, ve agregando los huevos, uno a la vez.
5. Agrega la mantequilla fundida y el extracto de vainilla. Revuelve hasta que estén bien integrados.
6. Rellena con la mezcla cada uno de los moldes individuales que preparaste hasta la mitad.
7. Saca la salsa de chocolate del congelador y pon un cubo en cada uno de los moldes.
8. Cubre el chocolate con el resto de la mezcla de pastel.
9. Hornea durante 13 a 14 minutos o hasta que esté listo. Pásalos del horno a una rejilla de alambre y deja que se enfríen por 5 minutos.
10. Saca los pasteles de los moldes con cuidado.
11. Disfruta de tu sabroso y saludable volcán de chocolate cortándolo por su centro fundido.

INFORMACIÓN NUTRICIONAL (POR PORCIÓN)

Carbohidratos Totales: 6 g **Fibra Dietética:** 3 g **Carbohidratos Netos:** 3 g
Proteína: 8 g **Grasa Total:** 17 g **Calorías:** 189

PASTEL DECADENTE DE CREMA DE CHOCOLATE DE TRES CAPAS

🥄 30 minutos 🕐 60 minutos 👤 x8

(SG)
INGREDIENTES

- » 4 onzas de chocolate sin azúcar
- » ½ taza (1 barra) de mantequilla
- » 1 ½ tazas de edulcorante en polvo, divididas
- » 3 huevos
- » ½ taza + 8 cucharadas de cacao puro en polvo sin azúcar
- » 1 vaina de vainilla
- » Una pizca de sal de mar
- » 1 taza de crema batida
- » Crema batida de coco
- » 1 lata de leche de coco, refrigerada toda la noche

INSTRUCCIONES

1. Precalienta el horno a 325°. Rocía un poco de aceite de cocina en un molde de menos de 8 pulgadas.
2. Mezcla el chocolate y la mantequilla a baño maría hasta que se fundan. Agrega ½ taza de edulcorante y continúa revolviendo a fuego lento hasta que todo esté bien mezclado. Retira del fuego y permite que se enfríe un poco.
3. Separa los huevos y bate las claras hasta que se formen picos rígidos. Agrega ¼ taza de edulcorante poco a poco.
4. Bate las yemas con otro ¼ de taza de edulcorante. Agrega la mezcla de chocolate a las yemas y revuelve bien. Mezcla ½ taza de cacao y luego retira las semillas de vainilla de la vaina y agrégalas a la mezcla junto con la sal.

5. Incorpora las claras de huevo lentamente a la mezcla de chocolate, pero no mezcles demasiado.
6. Cocina en el horno precalentado durante 1 hora o hasta que salga limpio un palillo. Déjalo enfriar por completo y luego sácalo del molde.

Crema:

1. Para preparar los 3 tipos de relleno, bate la crema batida durante unos 6-7 minutos hasta que se ponga muy espesa. Agrega lentamente ½ taza de edulcorante.
2. Divide la crema en mitades y coloca una mitad en un tazón. Divide el resto de la crema por la mitad otra vez y colócalas en otros 2 tazones. Tendrás 3 tazones, uno con ½ de la crema y dos con ¼ de la crema.
3. Toma uno de los tazones con ¼ de crema, agrega 1 cucharada de cacao en polvo y mezcla bien. Esta será la crema de color más claro.
4. Agrega el tazón con ½ crema a un tazón, añade 3 cucharadas de cacao en polvo. Mezclar hasta que quede bien distribuido. Esta será la crema de color medio.
5. Agrega 3-4 cucharadas de cacao en polvo al último recipiente con ¼ de crema. Esta será la crema más oscura.

Montaje:

1. Corta el pastel horizontalmente en 3 rebanadas iguales con un cuchillo muy afilado.
2. Coloca la parte inferior en un plato para servir y cúbrelo con la crema de color medio. Repite con la segunda capa.
3. Cubre con la tercera pieza de pastel y extiende la crema de color claro en la parte superior, seguido de la crema más oscura.
4. Cortar en 8 rebanadas y disfrútalo.

INFORMACIÓN NUTRICIONAL (POR PORCIÓN)

Carbohidratos Totales: 11 g **Fibra Dietética:** 6 g **Carbohidratos Netos:** 5 g
Proteína: 7 g **Grasa Total:** 27 g **Calorías:** 304

⏲ 10 minutos   🕐 0 minutos

TARTAS INDIVIDUALES DE QUESO CON FRESAS (SG)

INGREDIENTES

Corteza

- ½ taza de harina de almendra
- 3 cucharadas de mantequilla, fundida (usa aceite de coco para hacer la versión paleo)
- ¼ taza de sustituto de azúcar (usa jarabe de arce puro grado B para hacer la versión paleo)

Relleno

- 6 fresas
- 3 cucharadas de sustituto de azúcar (usa jarabe de arce puro grado B para hacer la versión paleo)
- 8 onzas de queso crema (usa crema de coco entera sin azúcar para hacer la versión paleo)
- ⅓ taza de crema agria (elimínala si vas a hacer la versión paleo)
- ½ cucharadita de extracto de vainilla pura
- 4 fresas cortadas en cuartos (para el adorno)
- Hojas de menta fresca (opcional para decorar).

INSTRUCCIONES

1. Para preparar la corteza, coloca la harina de almendras, la mantequilla derretida y el sustituto de azúcar en un tazón mediano y mezcla bien.
2. Divide la mezcla uniformemente en 4 moldes pequeños, presionando ligeramente con las manos.
3. Para preparar el relleno, haz puré las fresas en un procesador de alimentos.
4. Agrega el sustituto del azúcar, el extracto de vainilla, el queso crema y la crema agria. Mezcla hasta que esté suave y cremosa.
5. Con la ayuda de una cuchara pon la mezcla sobre la corteza y deja enfriar durante al menos 1 hora.

INFORMACIÓN NUTRICIONAL (POR PORCIÓN)

Carbohidratos Totales: 12 g   **Fibra Dietética:** 3 g   **Carbohidratos Netos:** 9 g
Proteína: 8 g   **Grasa Total:** 47 g   **Calorías:** 489

BARRAS DE TARTA DE QUESO CON BROWNIE

 50 minutos    55 minutos   x6

(SG) INGREDIENTES

Capa de Brownie

- » 2 onzas de chocolate agridulce, picado
- » ½ taza de mantequilla, suavizada
- » ⅓ taza de cacao puro en polvo sin azúcar
- » ½ taza de harina de almendra
- » 2 huevos grandes
- » ½ taza de sustituto de azúcar
- » ½ cucharadita de extracto de vainilla pura
- » ¼ cucharadita de sal

Capa de Tarta de Queso

- » 2 huevos grandes
- » 16 onzas de queso crema, suavizado
- » ⅓ taza de sustituto de azúcar
- » ¼ taza de crema espesa
- » ½ cucharadita de extracto de vainilla pura

INSTRUCCIONES

1. Precalienta el horno a 325°F.
2. Engrasa una fuente de vidrio para hornear de 8x8 con mantequilla o aceite.
3. Funde el chocolate y la mantequilla en una cacerola pequeña a fuego medio. Revuelve hasta que estén bien integrados.
4. Mezcla la harina de almendra, el cacao en polvo y la sal en un tazón pequeño.
5. Bate los huevos, el sustituto del azúcar y el extracto de vainilla en un tazón grande hasta que estén espumosos. Mezcla lentamente con la mezcla de chocolate derretido.
6. Agrega la mezcla de harina de almendras y mezcla hasta que quede suave.
7. Vierte la mezcla en el molde para hornear que preparaste y hornea durante 20 minutos. Pásalo a una rejilla de alambre y deja enfriar.
8. Para elaborar la capa de tarta de queso, mezcla el queso crema, los huevos, el sustituto de azúcar, la crema espesa y el extracto de vainilla con una batidora eléctrica.
9. Reduce la temperatura del horno a 300°F. Vierte la mezcla sobre los brownies horneados y regresa al horno por 40 a 45 minutos o hasta que esté listo.
10. Saca del horno y déjalos enfriar en el refrigerador durante al menos
2 horas antes de servirlos.

INFORMACIÓN NUTRICIONAL (POR PORCIÓN)

Carbohidratos Totales: 12 g   **Fibra Dietética:** 3 g   **Carbohidratos Netos:** 9 g
Proteína: 13 g   **Grasa Total:** 54 g   **Calorías:** 566

5 minutos　　5 minutos

PUDÍN DE RICO CHOCOLATE (SG)

INGREDIENTES

- » 2 tazas de leche de coco, enlatada
- » ¼ taza de cacao puro en polvo sin azúcar
- » 1 cucharada de estevia
- » 2 cucharadas de gelatina
- » 4 cucharadas de agua
- » ½ taza de crema para batir espesa, batida hasta que se formen picos rígidos
- » 1 onza de chocolate agridulce picado (opcional para decorar)

INSTRUCCIONES

1. Calienta la leche de coco, el cacao en polvo y la estevia en una cacerola pequeña a fuego medio. Revuelve hasta que el polvo de cacao y la estevia se hayan disuelto.
2. Mezcla la gelatina con el agua y agrega a la cacerola. Revuelve hasta que estén bien integrados.
3. Vierte la mezcla en 4 moldes pequeños o vasos.
4. Pon los moldes en el refrigerado por lo menos 1 hora.
5. Cubre con crema batida y el chocolate picado, si lo deseas.

INFORMACIÓN NUTRICIONAL (POR PORCIÓN)

Carbohidratos Totales: 14 g　　**Fibra Dietética:** 5 g　　**Carbohidratos Netos:** 10 g
Proteína: 8 g　　**Grasa Total:** 37 g　　**Calorías:** 389

FRESAS FRESCAS CON CREMA DE COCO BATIDA (SG, P)

 5 minutos  3 minutos

INGREDIENTES

- » 2 latas de crema de coco, refrigeradas
- » 4 tazas de fresas (también se pueden usar moras azules, zarzamoras, frambuesas o una combinación de ellas)
- » 1 onza de chocolate oscuro sin azúcar al 70% o más oscuro picado

INSTRUCCIONES

1. Pasa la crema de coco solidificada (reservando el líquido en el fondo de la lata para otro uso) en un tazón grande y mezcla con una batidora manual durante 5 minutos o hasta que se formen picos rígidos.
2. Rebana las fresas y acomódalas en 4 tazones pequeños.
3. Pon una porción de crema de coco batida arriba de las fresas.
4. Adorna con el chocolate negro picado y con frutos rojos extras.
5. ¡Sirve y disfruta!

INFORMACIÓN NUTRICIONAL (POR PORCIÓN)

Carbohidratos Totales: 15 g **Fibra Dietética:** 5 g **Carbohidratos Netos:** 10 g
Proteína: 4 g **Grasa Total:** 31 g **Calorías:** 342

5 minutos   0 minutos

MALTEADA DE CHOCOLATE Y NUEZ (SG)

INGREDIENTES

- » 2 tazas de leche de coco sin azúcar, o de almendras o cualquier otra leche sin lácteos de tu elección
- » 1 plátano, rebanado y congelado
- » ¼ taza de coco rallado sin azúcar
- » 1 taza de cubos de hielo
- » ¼ taza de nueces de macadamia, picadas
- » 3 cucharadas de sustituto de azúcar (usa jarabe de arce puro grado B para hacer la versión paleo)
- » 2 cucharadas de cacao puro en polvo sin azúcar
- » Crema de coco batida (opcional para decorar)

INSTRUCCIONES

1. Pon todos los ingredientes en una licuadora, y licua hasta que obtengas una mezcla suave y cremosa.
2. Divide uniformemente entre 4 copas cocteleras y cúbrelas con crema de coco batida, si lo deseas.
3. Agrega una sombrilla de cóctel y coco tostado para darle un toque adicional.
4. ¡Disfruta tu delicioso licuado de chocolate y nuez!

INFORMACIÓN NUTRICIONAL (POR PORCIÓN)

Carbohidratos Totales: 12 g   **Fibra Dietética:** 4 g   **Carbohidratos Netos:** 8 g
Proteína: 3 g   **Grasa Total:** 17 g   **Calorías:** 199

10 minutos   0 minutos

HELADO DE MANTEQUILLA DE NUEZ PECANA (SG)

INGREDIENTES

- » ½ taza de nueces pecanas picadas
- » ⅛ cucharadita de goma xantana
- » 2 yemas de huevo
- » 1 cucharadita de extracto de vainilla pura
- » ¼ taza de sustituto de azúcar
- » 2 cucharadas de mantequilla
- » 1 taza de crema espesa

INSTRUCCIONES

1. Derrite la mantequilla en una cacerola pequeña a fuego medio. Bate la crema espesa con la mantequilla después de que esta se haya derretido y se vuelva un poco café.
2. Agrega el sustituto de azúcar y mezcla hasta que se disuelva.
3. Agrega la goma xantana y bate hasta que estén bien mezclados. Pasa la mezcla a un recipiente grande de metal y deja que se enfríe.
4. Agrega las yemas de huevo lentamente, una a la vez, usando una batidora manual.
5. Agrega las nueces pecanas y el extracto de vainilla.
6. Coloque el recipiente en el congelador durante al menos 4 horas, revolviendo bien cada hora.
7. Saca del congelador y sirve en tazones.
8. ¡Adorna con nueces pecanas picadas, si lo deseas, y sirve!

INFORMACIÓN NUTRICIONAL (POR PORCIÓN)

Carbohidratos Totales: 2 g   **Fibra Dietética:** 1 g   **Carbohidratos Netos:** 1 g
Proteína: 3 g   **Grasa Total:** 24 g   **Calorías:** 230

HELADO DE MORA AZUL SIN BATIR (SG)

 15 minutos  0 minutos

INGREDIENTES

- » ¼ taza de nata fresca o crema agria (asegúrate de revisar la etiqueta para el etiquetado SG)
- » 1 taza de crema para batir espesa
- » ¼ taza de moras azules frescas
- » 1 yema de huevo, batida
- » 2 cucharaditas de extracto de vainilla pura

INSTRUCCIONES

1. Bate la nata fresca con una batidora manual hasta que tenga una consistencia esponjosa.
2. Bate la crema espesa en un tazón aparte hasta que se formen picos suaves.
3. Agrega la nata fresca con movimiento envolvente a la crema batida con cuidado.
4. Haz puré las moras azules en un procesador de alimentos o licuadora hasta que adquiera una consistencia suave.
5. Revuelve el puré de moras azules, la yema de huevo y el extracto de vainilla con la mezcla de crema batida. Mezcla hasta que todo se integre bien.
6. Pasa la mezcla a un molde para pan y congela durante 2 horas, revolviendo bien cada 30 minutos.
7. ¡Sirve en tazones y disfruta tu helado de moras azules frescas!

INFORMACIÓN NUTRICIONAL (POR PORCIÓN)

Carbohidratos Totales: 3 g   **Fibra Dietética:** 0 g   **Carbohidratos Netos:** 3 g
Proteína: 2 g   **Grasa Total:** 15 g   **Calorías:** 153

PASTEL DE ZANAHORIA CON GLASEADO DE QUESO CREMA (SG)

 15 minutos   30 minutos   x6

INGREDIENTES

Pastel de zanahoria

- 1½ tazas de zanahorias, ralladas finamente
- ¾ taza de sustituto de azúcar
- ¼ taza de sustituto de azúcar morena
- ½ taza de aceite de coco, derretido
- 2 huevos grandes
- ¼ taza de harina de linaza
- ½ cucharadita de bicarbonato de sodio
- ½ cucharadita de canela molida
- ¼ cucharadita de nuez moscada molida
- ¾ taza de harina de almendras

Glaseado de Queso Crema

- 8 onzas de queso crema, suavizado
- 2 cucharadas de jarabe de arce puro Grado B
- ¼ cucharadita de extracto de vainilla pura
- ¼ taza de nueces tostadas, picadas (opcional para decorar)

INSTRUCCIONES

1. Precalienta el horno a 350°F. Engrasa un molde para hornear redondo de 9 pulgadas con mantequilla o aceite.
2. Mezcla los azúcares, el aceite de coco y los huevos usando una batidora manual.
3. Mezcla los ingredientes secos en otro tazón hasta que estén bien integrados.
4. Agrega los ingredientes secos lentamente y continúa batiendo hasta que no queden grumos.
5. Agrega las zanahorias ralladas y vierte en el molde para pasteles que ya preparaste. Hornea por 30 minutos o hasta que insertes un palillo y salga limpio.
6. Retira del horno y déjala enfriar.
7. Para preparar el glaseado, bate el queso crema, el jarabe de arce y el extracto de vainilla hasta que la mezcla tenga una consistencia suave y esponjosa.
8. Cubre el pastel con el glaseado, espolvorea con nueces tostadas, rebana ¡y sirve!

INFORMACIÓN NUTRICIONAL (POR PORCIÓN)

Carbohidratos Totales: 14 g   **Fibra Dietética:** 5 g   **Carbohidratos Netos:** 9 g
Proteína: 11 g   **Grasa Total:** 45 g   **Calorías:** 479

GALLETAS DE COCO Y ALMENDRA (SG)

 10 minutos    15 minutos   x6

INGREDIENTES

- 1¼ tazas de harina de almendras
- ½ taza de coco rallado sin azúcar
- 3 huevos grandes
- 6 cucharadas de mantequilla, suavizada (usa aceite de coco para hacer la versión paleo)
- ⅓ taza de sustituto de azúcar (usa jarabe de arce puro grado B para hacer la versión paleo)
- 1 cucharadita de extracto de almendra
- ¼ cucharadita de canela molida
- ¼ cucharadita de sal de mar

INSTRUCCIONES

1. Precalienta el horno a 350°F. Prepara una bandeja para hornear de metal con papel pergamino o spray antiadherente.
2. Usa una batidora de mano para mezclar el sustituto de azúcar con la mantequilla ablandada hasta que quede suave y cremosa.
3. Agrega los huevos, uno a la vez, y mezcla hasta que se integren bien.
4. Agrega la harina de almendras, extracto de almendra, canela, y la sal con la batidora a baja velocidad, mezcla hasta que todo se integre.
5. Agrega el coco rallado.
6. Pon una cucharada de la mezcla en la bandeja para hornear.
7. Hornea durante 12-15 minutos, hasta que estén doradas alrededor de los bordes.
8. Sácalas del horno y déjalas enfriar en una rejilla de alambre.

INFORMACIÓN NUTRICIONAL (POR PORCIÓN)

Carbohidratos Totales: 5 g   **Fibra Dietética:** 3 g   **Carbohidratos Netos:** 2 g
Proteína: 7 g   **Grasa Total:** 25 g   **Calorías:** 271

GALLETAS DE MANTEQUILLA DE MANÍ Y JALEA (SG)

 10 minutos    12 minutos   x6

INGREDIENTES

- ⅔ taza de mantequilla de maní cremosa
- ⅓ taza de conservas de fresa sin azúcar (asegúrate de revisar la etiqueta para el etiquetado SG)
- ⅓ taza de harina de almendras
- 1 huevo
- ½ taza de sustituto de azúcar
- ¼ cucharadita de extracto de vainilla pura
- ¼ cucharadita de bicarbonato de sodio
- ¼ cucharadita de sal de mar

INSTRUCCIONES

1. Precalienta el horno a 350°F. Prepara una bandeja para hornear de metal con papel pergamino o spray antiadherente.
2. Bate el huevo junto con la mantequilla de maní y el sustituto de azúcar en un tazón grande hasta que obtengas una mezcla suave y cremosa. Agrega la harina de almendras, bicarbonato de sodio, sal, y extracto de vainilla. Mezcla bien hasta formar una masa.
3. Forma pequeñas bolas con la mezcla y colócalas en la bandeja para hornear que preparaste.
4. Haga una pequeña concavidad en medio de cada galleta y rellena con aproximadamente 1 cucharadita de las conservas.
5. Hornea por 10-12 minutos hasta que las galletas tengan un color café dorado.
6. Déjalas enfriar en una rejilla de alambre ¡y buen provecho!

INFORMACIÓN NUTRICIONAL (POR PORCIÓN)

Carbohidratos Totales: 7 g
Fibra Dietética: 2 g
Carbohidratos Netos: 5 g
Proteína: 9 g
Grasa Total: 18 g
Calorías: 209

TRUFAS DE CHOCOLATE OSCURO (SG)

🥄 10 minutos   🕐 20 minutos   👤 x6

INGREDIENTES

- » 4 onzas de chocolate oscuro sin azúcar (cacao 80% o mayor)
- » 1 cucharada de cacao puro en polvo sin azúcar
- » 1 cucharada de jarabe de arce puro Grado B
- » 1½ cucharadas de mantequilla (usa aceite de coco para hacer la versión paleo)
- » ⅓ taza de crema espesa (usa crema de coco sin azúcar y sin grasa para hacer la versión paleo)
- » ¼ cucharadita de extracto de vainilla pura
- » ¼ cucharadita de canela molida
- » Una pizca de sal de mar

INSTRUCCIONES

1. Pica finamente el chocolate oscuro.
2. Calienta la crema espesa en una cacerola pequeña a fuego medio-bajo. Agrega el chocolate picado y la mantequilla. Revuelve hasta que se fundan y se integren bien.
3. Retira del fuego y agrega el extracto de vainilla, jarabe de arce, sal y canela.
4. Pon la mezcla en el refrigerador durante por lo menos 2 horas.
5. Saca la mezcla del refrigerador una vez que se haya enfriado y forma bolitas con las palmas.
6. Pasa cada bolita en cacao en polvo hasta que quede bien cubierta.
7. Almacénalas en un recipiente hermético en el refrigerador.

INFORMACIÓN NUTRICIONAL (POR PORCIÓN)

Carbohidratos Totales: 11 g   **Fibra Dietética:** 1 g   **Carbohidratos Netos:** 10 g
Proteína: 2 g   **Grasa Total:** 11 g   **Calorías:** 160

BOCADOS DE CHOCOLATE Y COCO (SG)

 5 minutos    7 minutos   x6

INGREDIENTES

- » 4 onzas de chocolate oscuro sin azúcar (cacao 80% o mayor)
- » ¼ taza de coco rallado sin azúcar
- » 1 taza de harina de coco
- » 1 cucharada de proteína en polvo sabor chocolate (usa una versión amigable con paleo si estás siguiendo la dieta paleo)
- » 4 cucharadas de aceite de coco
- » ⅓ taza de crema espesa (usa leche de coco entera sin azúcar para hacer la versión paleo)

INSTRUCCIONES

1. Pica el chocolate oscuro en trozos pequeños.
2. Calienta la crema espesa en una cacerola pequeña a fuego medio-bajo. Agrega el chocolate y el aceite de coco y revuelve hasta que se derritan y se integren bien.
3. Retira del fuego y agrega la harina de coco y la proteína en polvo.
4. Pon esta mezcla en el refrigerador durante por lo menos 2 horas.
5. Saca la mezcla del refrigerador una vez que se haya enfriado y forma bolitas con las palmas.
6. Pasa cada bolita en el coco rallado hasta que quede bien cubierta.
7. Almacénalas en un recipiente hermético en el refrigerador.

INFORMACIÓN NUTRICIONAL (POR PORCIÓN)

Carbohidratos Totales: 12 g   **Fibra Dietética:** 3 g   **Carbohidratos Netos:** 9 g
Proteína: 9 g   **Grasa Total:** 27 g   **Calorías:** 326

DULCE DE AZÚCAR DE CHOCOLATE Y NUEZ (SG)

🥄 10 minutos   🕐 5 minutos   👥👥👥👥

INGREDIENTES

- » 2 cucharadas de cacao puro en polvo sin azúcar
- » 2 cucharadas de sustituto de azúcar (usa jarabe de arce puro grado B para hacer la versión paleo)
- » 3 cucharadas de aceite de coco
- » ¼ taza de nueces picadas
- » ¼ taza de crema espesa (usa leche de coco entera sin azúcar para hacer la versión paleo)
- » 1 cucharadita de extracto de vainilla pura

INSTRUCCIONES

1. Coloca el aceite de coco en un recipiente de metal sobre una olla de agua hirviendo. Revuelve hasta que se derrita.
2. Mientras bates, agrega el cacao en polvo y el sustituto de azúcar.
3. Retira del fuego y agrega las nueces, la crema espesa, y el extracto de vainilla.
4. Revuelve hasta que estén bien integrados los ingredientes y vierte la mezcla en moldes para chocolate o en una bandeja cuadrada.
5. Deja enfriar, luego mételos al refrigerador para que se endurezcan.
6. Sácalos del refrigerador y disfruta de tu delicioso dulce de azúcar con chocolate y nueces.

INFORMACIÓN NUTRICIONAL (POR PORCIÓN)

Carbohidratos Totales: 3 g   **Fibra Dietética:** 1 g   **Carbohidratos Netos:** 2 g
Proteína: 3 g   **Grasa Total:** 18 g   **Calorías:** 168

CUADRADOS FÁCILES DE NUEZ PECANA Y JARABE DE ARCE (SG)

🥄 10 minutos   🕒 25 minutos   👤 x6

INGREDIENTES

- » 1 taza de nueces pecanas (mitades)
- » 3 cucharadas de jarabe de arce puro Grado B
- » ½ taza de harina de almendra
- » ¼ taza de harina de linaza
- » ¼ taza de coco rallado sin azúcar
- » ¼ taza de aceite de coco, derretido
- » 1 huevo, batido
- » 2 cucharadas de sustituto de azúcar (usa jarabe de arce puro grado B para hacer la versión paleo)
- » ⅓ taza de chispas de chocolate sin azúcar (opcional) (omítelas para hacer la versión paleo)

INSTRUCCIONES

1. Precalienta el horno a 350°F. Forra una bandeja para hornear con papel pergamino. Pon las nueces pecanas en la bandeja para hornear y hornea por 7 minutos, hasta que estén tostadas y fragantes.
2. Retira las nueces pecanas del horno y déjalas enfriar. Una vez que se hayan enfriado, pica las nueces, reservando algunas mitades para decorar.
3. Mezcla la harina de linaza, la harina de almendras, las nueces pecanas picadas, y el coco rallado en un tazón grande.
4. Agrega el jarabe de arce, el aceite de coco, el huevo y el sustituto de azúcar. Mezcla bien. Agrega las chispas de chocolate sin azúcar, si las estás usando.
5. Pasa la masa a un molde para pan de 9 por 3 pulgadas, preparado previamente con aceite en aerosol antiadherente.
6. Hornea a 350°F durante 20 minutos, o hasta que insertes un palillo y salga limpio.
7. Retira del horno y déjala enfriar. Cuando se haya enfriado, métalo en el refrigerador durante por lo menos 2 horas.
8. ¡Córtalos en cuadros y disfrútalos!

INFORMACIÓN NUTRICIONAL (POR PORCIÓN)

Carbohidratos Totales: 12 g   **Fibra Dietética:** 4 g   **Carbohidratos Netos:** 8 g
Proteína: 5 g   **Grasa Total:** 21 g   **Calorías:** 233

🥄 10 minutos 🕐 25 minutos 👤 x6

BROWNIES DE CREMA DE COCO (SG)

INGREDIENTES

- » ¾ taza de mantequilla de coco, derretida
- » ⅓ taza de crema de coco
- » ¼ taza de cacao puro en polvo sin azúcar
- » ¼ taza de harina de coco
- » 2 cucharadas de mantequilla, derretida (usa aceite de coco para hacer la versión paleo)
- » ½ taza de sustituto de azúcar (usa jarabe de arce puro grado B para hacer la versión paleo)
- » 1 huevo
- » 1 cucharadita de extracto de vainilla pura
- » ¼ cucharadita de bicarbonato de sodio
- » Una pizca de sal de mar

INSTRUCCIONES

1. Mezcla la harina de coco, el cacao en polvo, el sustituto de azúcar, el bicarbonato de sodio, y la sal en un tazón grande.
2. Mezcla la mantequilla de coco, la crema de coco y la mantequilla en otro tazón hasta que estén bien integrados. Mientras bates, agrega el huevo y el extracto de vainilla.
3. Agrega los ingredientes secos lentamente en los ingredientes húmedos y mezcla bien.
4. Pasa la mezcla a un molde para pan de 9 por 3 pulgadas, preparado previamente con aceite en aerosol antiadherente.
5. Hornea a 350°F durante 20 minutos, o hasta que insertes un palillo y salga limpio.
6. Sácalos del horno y déjalas enfriar a temperatura ambiente.
7. ¡Córtalos en cuadros y disfrútalos!

INFORMACIÓN NUTRICIONAL (POR PORCIÓN)

Carbohidratos Totales: 5 g   **Fibra Dietética:** 3 g   **Carbohidratos Netos:** 2 g
Proteína: 3 g   **Grasa Total:** 17 g   **Calorías:** 175

MINI TARTAS DE CHOCOLATE Y AGUACATE (SG)

 15 minutos    8 minutos

INGREDIENTES

Corteza de la tarta

» 2 cucharadas de harina de almendras
» 1 cucharada de sustituto de azúcar (usa jarabe de arce puro grado B para hacer la versión paleo)
» La clara de un huevo grande
» ¼ taza de harina de linaza

Capa de en medio

» 4 cucharadas de mantequilla de maní cremosa (usa mantequilla de almendras para hacer la versión paleo)
» 2 cucharadas de mantequilla (usa aceite de coco para hacer la versión paleo)

Capa superior

» 1 aguacate mediano
» 4 cucharadas de cacao puro en polvo sin azúcar
» ¼ taza de sustituto de azúcar (usa jarabe de arce puro grado B para hacer la versión paleo)
» 2 cucharadas de crema espesa (usa leche de coco entera sin azúcar para hacer la versión paleo)
» ½ cucharadita de extracto de vainilla pura

INSTRUCCIONES

1. Precalienta el horno a 350°.
2. Mezcla la harina de almendras, la harina de linaza, 1 cucharada de sustituto de azúcar, y la clara de huevo en un tazón pequeño.
3. Presiona la mezcla en 4 moldes de tarta pequeños. Hornea por alrededor de 8 minutos, hasta que se doren. Retira del horno y deja que se enfríen ligeramente.
4. Derrite la mantequilla de maní y la mantequilla en una cacerola pequeña a fuego medio-bajo y revuelve hasta que se mezclen bien. Divide en partes iguales entre las tartaletas horneadas. Métalas al refrigerador y déjalas enfriar durante 30 minutos.
5. Mezcla el aguacate, el cacao en polvo, el sustituto de azúcar, la crema espesa y el extracto de vainilla en una licuadora o procesador de alimentos.
6. Retira las tartas del refrigerador, cúbrelas con la mezcla de aguacate y regrésalas al refrigerador durante al menos 1 hora.
7. ¡Sirve y disfruta!

INFORMACIÓN NUTRICIONAL (POR PORCIÓN)

Carbohidratos Totales: 15 g   **Fibra Dietética:** 10 g   **Carbohidratos Netos:** 5 g
Proteína: 11 g   **Grasa Total:** 33 g   **Calorías:** 367

MACARRONES BAÑADOS CON CHOCOLATE (SG)

🥄 10 minutos   🕐 25 minutos   👥👥👥

INGREDIENTES

- » 1 taza de coco rallado sin azúcar
- » 2 onzas de chocolate oscuro (cacao 80% o mayor)
- » La clara de 2 huevos grandes
- » ¼ taza de sustituto de azúcar (usa jarabe de arce puro grado B para hacer la versión paleo)
- » 2 cucharadas de aceite de coco
- » 1 cucharadita de extracto de vainilla pura
- » Una pizca de sal de mar

INSTRUCCIONES

1. Precalienta el horno a 350°F. Prepara una bandeja para hornear de metal con papel pergamino.
2. Extiende el coco rallado uniformemente sobre la bandeja para hornear y colócala en el horno y tuéstalo durante 3-5 minutos o hasta que esté ligeramente dorado y fragante.
3. Bate las claras de huevo con una batidora eléctrica en un tazón grande. Agrega el sustituto de azúcar lentamente y continua mezclando hasta que se formen picos rígidos.
4. Agrega el coco tostado, el extracto de vainilla, y la sal.
5. Forra una bandeja para hornear con papel pergamino. Forma bolas con una cuchara pequeña de helado o una cuchara y colócalas en la bandeja para hornear que preparaste.
6. Hornea por 15-18 minutos hasta que tengan un color café dorado. Sácalas del horno y déjalas enfriar en una rejilla de alambre.
7. Derrite el chocolate oscuro junto con el aceite de coco en un tazón pequeño y apto para microondas. Revuelve hasta que estén bien integrados.
8. ¡Baña los macarrones con el chocolate derretido y disfruta!

INFORMACIÓN NUTRICIONAL (POR PORCIÓN)

Carbohidratos Totales: 8 g   **Fibra Dietética:** 2 g   **Carbohidratos Netos:** 6 g
Proteína: 3 g   **Grasa Total:** 12 g   **Calorías:** 143

GALLETAS DE MANTEQUILLA DE MANÍ (SG)

🥄 10 minutos   🕒 15 minutos   👤 x6

INGREDIENTES

- ½ taza de mantequilla de maní cremosa (usa mantequilla de almendras para hacer la versión paleo)
- ½ taza de harina de coco
- ¼ taza de sustituto de azúcar (usa jarabe de arce puro grado B para hacer la versión paleo)
- 1 huevo
- ¼ cucharadita de extracto de vainilla pura
- Una pizca de sal de mar

INSTRUCCIONES

1. Precalienta el horno a 350°F. Prepara una bandeja para hornear de metal con papel pergamino o spray antiadherente.
2. Usando una batidora eléctrica, mezcla todos los ingredientes hasta que se forme una masa suave.
3. Forma bolas del tamaño de una nuez con la masa y colócalas en la bandeja para hornear que preparaste.
4. Con un tenedor, haz unas cruces en la parte superior de las bolas para formar galletas y hornea en el horno durante 14-16 minutos, hasta que estén doradas.

INFORMACIÓN NUTRICIONAL (POR PORCIÓN)

Carbohidratos Totales: 5 g   **Fibra Dietética:** 3 g   **Carbohidratos Netos:** 2 g
Proteína: 7 g   **Grasa Total:** 14 g   **Calorías:** 160

TARTAS DE CHOCOLATE OSCURO (SG)

 20 minutos    30 minutos

INGREDIENTES

Corteza

- » 1 taza de harina de coco
- » ¼ taza de harina de linaza
- » 3 cucharadas de sustituto de azúcar (ajusta de acuerdo con tu gusto)
- » ½ taza de mantequilla
- » 4 claras de huevo

Relleno

- » ½ taza de cacao puro en polvo sin azúcar
- » 1 taza de crema espesa
- » 2½ cucharaditas de gelatina en polvo
- » ¼ taza de sustituto de azúcar (ajusta de acuerdo con tu gusto)
- » 1 cucharadita de extracto de vainilla pura
- » ¼ taza de pistaches, rebanados

INSTRUCCIONES

1. Para preparar la corteza: Precalienta el horno a 375°F. Prepara un molde para tarta o para pastel pequeño con spray antiadherente para cocinar.
2. Mezcla todos los ingredientes de la corteza en un procesador de alimentos y pulsa hasta que estén bien integrados. Presiona la mezcla en el molde para tarta que preparaste y hornea durante unos 15 minutos. Retira del horno y déjala enfriar.
3. Para preparar el relleno: Mezcla todos los ingredientes del relleno (reservando los pistaches) en una licuadora o procesador de alimentos y mezcla hasta que quede con una consistencia suave y cremosa.
4. Vierte la mezcla en la corteza, cubre con una envoltura de plástico y refrigera por al menos 2 horas.
5. ¡Espolvoréala con los pistaches que reservaste y sirve!

CONSEJO ADICIONAL

* El tiempo en el refrigerador puede variar, así que observa la textura del relleno. Debe de estar firme en el centro.

INFORMACIÓN NUTRICIONAL (POR PORCIÓN)

Carbohidratos Totales: 13 g   **Fibra Dietética:** 7 g   **Carbohidratos Netos:** 6 g
Proteína: 13 g   **Grasa Total:** 46 g   **Calorías:** 490

10 minutos 5 minutos x24

VASO DE MANTEQUILLA DE MANÍ (SG)

INGREDIENTES

- ½ taza de chispas para hornear de chocolate oscuro sin azúcar
- ½ taza de aceite de coco
- ½ taza de mantequilla de maní sin azúcar (usa mantequilla de almendras para hacer la versión paleo)
- 1 cucharadita de extracto de vainilla pura
- 2 cucharadas de sustituto de azúcar (usa jarabe de arce puro grado B para hacer la versión paleo)
- 1 cucharadita de sal de mar

INSTRUCCIONES

1. Forra un mini molde para panquecitos con capacillos.
2. Agrega el chocolate oscuro, el aceite de coco, el extracto de vainilla, el sustituto de azúcar, y la sal de mar a una olla y revuelve hasta que todo se derrita por completo.
3. Vierte aproximadamente 2 cucharaditas de la mezcla de chocolate en la base de cada cavidad con capacillo del molde para panquecitos y cubre con una cucharada de mantequilla de maní. Meter al congelador unos 5 minutos para que se endurezcan.
4. Saca el molde del congelador y cubre más o menos con otras 2 cucharaditas de la mezcla de chocolate derretido para cubrir completamente la mantequilla de maní.
5. Mete el molde en el congelador y congela por otros 15-20 minutos o hasta que las tazas de mantequilla de maní estén endurecidas.
6. Guarda las sobras en el refrigerador.

CONSEJO ADICIONAL

* El tiempo de congelación puede variar. Sabrás que los vasos de mantequilla de maní están listos cuando el chocolate se haya endurecido.

INFORMACIÓN NUTRICIONAL (POR PORCIÓN)

Carbohidratos Totales: 4 g   **Fibra Dietética:** 1 g   **Carbohidratos Netos:** 3 g
Proteína: 2 g   **Grasa Total:** 10 g   **Calorías:** 107

5 minutos   0 minutos

BATIDO DE MENTA Y CHISPAS DE CHOCOLATE (SG,P)

INGREDIENTES

- » 1 taza de leche de coco entera
- » 2 cucharadas de chocolate oscuro sin azúcar, picado
- » ½ taza de hojas de menta
- » ½ aguacate, sin hueso
- » 1 cucharadita de extracto de vainilla pura
- » 1 cucharada de sustituto de azúcar (usa jarabe de arce puro grado B para hacer la versión paleo)
- » ½ taza de hielo

INSTRUCCIONES

1. Agrega todos los ingredientes a una licuadora de alta velocidad y mezcla hasta que tenga una consistencia suave.
2. Disfruta de inmediato.

CONSEJO ADICIONAL

* La cantidad de hielo que uses determinará qué tan espeso será el batido, así que ajústalo según tu gusto.

INFORMACIÓN NUTRICIONAL (POR PORCIÓN)

Carbohidratos Totales: 18 g   **Fibra Dietética:** 7 g   **Carbohidratos Netos:** 11 g
Proteína: 4 g   **Grasa Total:** 21 g   **Calorías:** 274

10 minutos (más el tiempo que pase en el refrigerador) 　　5 minutos 　　x8

ALMENDRAS CUBIERTAS DE CHOCOLATE (SG,P)

INGREDIENTES

- » ¾ taza de chispas para hornear de chocolate oscuro sin azúcar
- » 1½ tazas de almendras enteras
- » 1 cucharadita de extracto de vainilla pura
- » Una pizca de sal de mar

INSTRUCCIONES

1. Cubra una bandeja para hornear con papel pergamino y agrega las chispas de chocolate a una olla a fuego lento junto con el extracto de vainilla.
2. Revuelve el chocolate hasta que se derrita.
3. Agrega las almendras a la olla con el chocolate derretido y revuelve hasta que las almendras estén cubiertas.
4. Coloca las almendras en la bandeja para hornear forrada.
5. Espolvoréalas con sal y déjalas endurecer en el refrigerador durante por lo menos 30 minutos antes de servirlas.

CONSEJO ADICIONAL

* Siéntete libre de agregar una pizca de canela molida a la mezcla de chocolate para darle más sabor.

INFORMACIÓN NUTRICIONAL (POR PORCIÓN)

Carbohidratos Totales: 7 g	Fibra Dietética: 4 g	Carbohidratos Netos: 3 g
Proteína: 4 g	Grasa Total: 15 g	Calorías: 183

 10 minutos   10 minutos   x18

INGREDIENTES

- » 1 taza de mantequilla de almendra sin azúcar
- » ½ taza de sustituto de azúcar (usa jarabe de arce puro grado B para hacer la versión paleo)
- » ¼ taza de chispas para hornear de chocolate oscuro sin azúcar
- » 1 huevo
- » 1 cucharadita de bicarbonato de sodio
- » 1 cucharadita de extracto de vainilla pura
- » Una pizca de sal de mar

INSTRUCCIONES

1. Precalienta el horno a 350ºF y forra una bandeja para hornear con papel pergamino.
2. Agrega la mantequilla de almendras, el huevo, el sustituto de azúcar y la vainilla en un tazón grande y revuelve bien.
3. Agrega el resto de los ingredientes y revuelve.
4. Pon porciones redondas de la masa de aproximadamente 1 pulgada de diámetro en la bandeja para hornear y hornea durante 10 minutos o hasta que los bordes estén dorados y ligeramente crujientes.

CONSEJO ADICIONAL

* Siéntete libre de cambiar la mantequilla de almendras por la mantequilla de nueces de tu elección.

INFORMACIÓN NUTRICIONAL (POR PORCIÓN)

Carbohidratos Totales: 10 g   **Fibra Dietética:** 1 g   **Carbohidratos Netos:** 9 g
Proteína: 3 g   **Grasa Total:** 10 g   **Calorías:** 137

BOCADOS DE GALLETA SNICKERDOODLE (SG)

🥄 10 minutos   🕐 0 minutos   👤 x12

INGREDIENTES

- » 1 taza de mantequilla de maní sin azúcar (usa mantequilla de almendras para hacer la versión paleo)
- » ¼ taza de sustituto de azúcar (usa jarabe de arce puro grado B para hacer la versión paleo)
- » ¼ taza de chispas para hornear de chocolate oscuro sin azúcar
- » 3 cucharadas de harina de coco
- » 2 cucharadas de leche de almendras sin azúcar
- » 1 cucharadita canela molida
- » 1 cucharadita de extracto de vainilla pura
- » Una pizca de sal de mar

INSTRUCCIONES

1. Forra una bandeja para hornear con papel pergamino.
2. Agrega todos los ingredientes a un tazón para mezclar y mezcla bien.
3. Deja reposar en el refrigerador durante 30 minutos.
4. Saca del refrigerador y forma 12 bolas del tamaño de un bocado y colócalas en la bandeja para hornear forrada. Déjalas reposar en el refrigerador durante otra hora antes de servir.
5. Guarda las sobras en el refrigerador.

CONSEJO ADICIONAL

* Puedes usar mantequilla de almendras en lugar de mantequilla de maní si lo deseas. También puedes revolcar los bocados en cacao en polvo sin azúcar antes de meterlos al refrigerador.

INFORMACIÓN NUTRICIONAL (POR PORCIÓN)

Carbohidratos Totales: 12 g	**Fibra Dietética:** 3 g	**Carbohidratos Netos:** 9 g
Proteína: 7 g	**Grasa Total:** 14 g	**Calorías:** 194

**Derechos de Autor 2017 por Elizabeth Jane - Todos los derechos reservados.
Para permisos contactar a:
elizabeth@ketojane.com**

Este documento está orientado a proporcionar información exacta y confiable con respecto al tema cubierto. La publicación se vende con la idea de que el editor no está obligado a prestar asesoramiento profesional, autorizado oficialmente o de otro modo, prestar servicios calificados. Si se requiere asesoría, legal o profesional, se debe buscar a una persona con experiencia en la profesión.

A partir de una Declaración de Principios que fue aceptada y aprobada igualmente por un Comité de la Asociación Americana de Abogados y un Comité de Editores y Asociaciones.

De ninguna manera es legal reproducir, duplicar o transmitir cualquier parte de este documento, ya sea por medios electrónicos o en formato impreso. Está estrictamente prohibida la grabación de esta publicación, así mismo, no está permitido cualquier tipo de almacenamiento de este documento, a menos que posea un permiso por escrito del editor. Todos los derechos reservados.

Se declara que la información proporcionada en este documento es veraz y coherente, en el sentido de que cualquier responsabilidad, en términos de falta de atención o de otro tipo, por el uso o abuso de cualquier política, procesos o indicaciones contenidos en este documento es responsabilidad única y absoluta del lector receptor.

Bajo ninguna circunstancia se hará responsable o culpable legalmente al editor por cualquier reparación, daño o pérdida monetaria debida a la información aquí contenida, ya sea directa o indirectamente.

La información aquí contenida se ofrece únicamente con fines informativos, como tal, es universal. La

presentación de la información se realiza sin contrato y sin ningún tipo de garantía.

La autora no es una profesional con licencia, ni médico ni profesional médico, y no ofrece tratamientos médicos, diagnósticos, sugerencias ni asesoramiento. La información presentada en este documento no ha sido evaluada por la Administración de Drogas y Alimentos de los EE. UU. (FDA, por sus siglas en inglés), y no tiene la intención de diagnosticar, tratar, curar o prevenir ninguna enfermedad. Se debe obtener la autorización médica completa por parte de médico con licencia, antes de comenzar o modificar cualquier programa de dieta, ejercicio o estilo de vida, y se debe informar a los médicos de todos los cambios nutricionales.

La autora no asume ninguna responsabilidad ante ninguna persona o entidad por cualquier responsabilidad, pérdida o daño causado o presuntamente causado directa o indirectamente como resultado del uso, aplicación o interpretación de la información presentada en este documento.

www.ingramcontent.com/pod-product-compliance
Lightning Source LLC
Chambersburg PA
CBHW042359280426
43661CB00096B/1161